손영목동시집

네 마음에 반짝이는 별

손영목 지음

동서문화사

손영목동시집

네 마음에 반짝이는 별

차례

자유롭게 쓴 동시

개똥벌레 … 16
매미소리 … 18
거울 속 얼굴 … 20
그리움 … 22
전해오는 이야기 … 24
꿈 … 26
앵두 따는 날 … 28
나쁜 꿈 … 30
예쁜 엄마 … 32
맑은 아침에 … 34
가물치 … 36
비오는 날 … 38
산 위에서 … 40
한글사랑 … 42
엄마 젖 … 44
머리카락 … 46
강의 아침 … 48
죽은 동물을 보고 … 50
개구쟁이 생각 … 52

바람의 친구 … 54
팔자걸음 … 56
눈인사 … 58
어른들은 왜 … 60
빨간 우체통 … 62
색을 섞으면 … 64
매미 … 66
화장실 안내 표지 … 68
우리 아빠 … 70
쌍둥이 빌딩 … 72
참새 … 74
어릴 적 생각 … 76
소방차 … 78
내 마음 … 80
바둑 … 82
내 동생 … 84
아빠의 연장통 … 86
동지팥죽 … 88
첫눈 … 90
맨드라미 … 92
눈물과 웃음 … 94
장마 … 96
모기 … 98
유치원 벼룩시장 … 100
아저씨야 할아버지야 … 102
까치밥 … 104

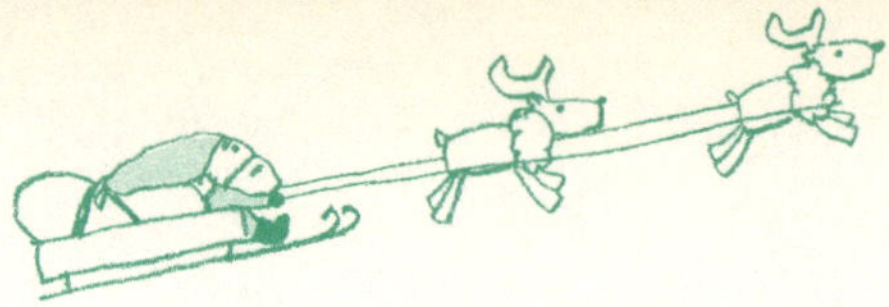

아침 공원에서 … 106
누가 이기나 … 108

옛날에 옛날에

떡장수와 호랑이 … 112
나무꾼과 거울 … 114
호랑이와 곶감 … 116
이상한 샘물 … 118
신기한 맷돌 … 120
개와 고양이 … 122
기름장수와 소금장수 … 124
나무꾼과 선녀 … 126

산문으로 쓴 동시

네 마음에 반짝이는 별 … 130
개구쟁이와 안경 … 132
알 수 없어요 … 134
크리스마스 선물 … 136
부끄러운 보물 … 138
조약돌 … 140
나무분꽃 … 142
할아버지 생각은 이상해 … 144
내 친구 고양이가족 … 146
아빠의 고향 … 148

설레는 마음으로 동시집을 내면서 … 150

자유롭게 쓴 동시

개똥벌레

파란 고운 빛
이름도 예쁜 반디를
누가
왜
개똥벌레라고 했을까?

어둠 속
반디 잡으러
살금살금 다가가다가
개똥에 미끄러진
심술꾸러기일 거야.

매미소리

찌르르
찌르르
찌르르
찌르르……

매미들이
솔잎 하나씩 들고
전쟁놀이하나 보다.

쌔엠
쌔엠
쌔엠
쌔엠……

앞집 형이
오토바이 타다가 넘어져
다리가 부러졌대
쌤통이다.

씨씨씨오이
씨씨씨오이
씨씨오이

씨오이이이이……

아기가 오이 먹다가
엄마를 보채나 봐.
씨 발려 달라고

쓰르르
쓰르르
쓰르르
쓰르르……

돌아가신 우리 할머니
이른 아침마다 빗자루 들고
괜히 마당을 쓰셨지.
늦잠꾸러기 나 깨어나라고

거울 속 얼굴

거울을 보면
거울을 보면
아빠 얼굴이 보여요.
반만 닮은
아빠 얼굴이 보여요.

거울을 보면
거울을 보면
엄마 얼굴이 보여요.
반만 닮은
엄마 얼굴이 보여요.

거울 속에는
아빠도 있고
엄마도 있고
그리고 내가 있어요.

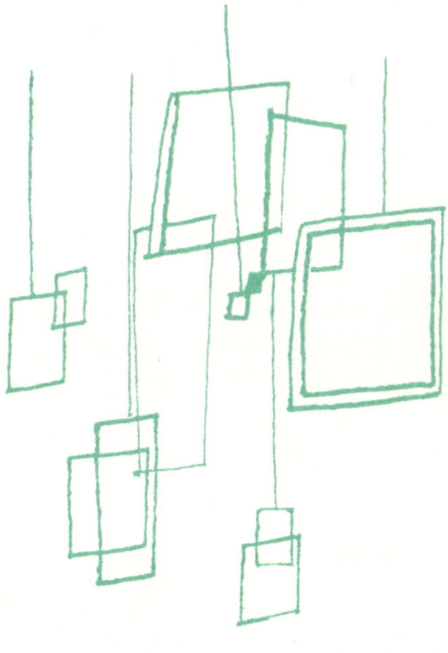

거울 속 얼굴 21

그리움

할아버지랑
할머니랑
놀이공원 간 꿈을 꾸었다.

회전목마 타고
귀신동굴 들어가고
롤러코스트도 타고……
즐거웠다.

한참 정신없다가 보니
할아버지 할머니 대신
아빠 엄마가 날 보며 웃고 있었다.

이젠 사진으로만 남은
아빠
엄마……

어젯저녁
밥 두 그릇 나물 과일 차려놓고
할아버지 할머니가
몰래 우셨다.

나는 울지 않았다.

전해오는 이야기

—옛날
깊은 산 속에
귀여운 아기토끼가 살았단다.

아빠는 얘기하고,
눈이 말똥
아이는 쳐다보고……

아이가 자라서
엄마가 되었습니다.

—옛날
깊은 산 속에
귀여운 아기토끼가 살았어요.

엄마는 얘기하고,
귀가 쫑긋
아이는 쳐다보고……

아이가 자라면
아빠 되고,
귀여운 아기토끼 이야기는
또 새록새록 이어지겠지요.

꿈

우리 집 발발이가
호랑이 등에 다고
산으로 달아난다.

동물들이 깔깔 웃고 있다.

앵두 따는 날

아빠랑 함께 앵두를 딴다.
알알이 빨갛고
앙증맞게 통통한
앵두를 딴다.

아빠는 나무에서 따시고
나는 소쿠리로 받고

—이것도 과일이어요?
—그럼, 과일이지.
—에이, 먹을 게 없잖아요.

그래도 앵두 좋아하시는 우리 아빠
아빠 방 책장 위에도 앵두가 있다.
유리통 속 빨간 술에 잠겨 있다.
작년에 담근 것이다.

참새 떼가 날아와
이웃집 담벼락에 나란히 앉는다.
—따지 마셔요.
—앵두 따지 마셔요.
참새들이 시끄럽게 지저귄다.

—이제 그만할까?
자기들 양식이라는구나.
아빠가 웃으신다.
벌써 소쿠리에 가득
앵두가 참 예쁘다.

먹을 것도 없는 과일
아빠 방 유리통 속의 술이나 되겠지만
그래도 알알이 빨갛고 앙증맞게 통통한
앵두가 참 예쁘다.

나쁜 꿈

밤에 자다가
무서운 꿈을 꿨다.
허수아비귀신이 덤벼들었다.

난 소리 지르며
아무한테나 매달렸다.

—왜 이래,
나쁜 꿈 꿨구나.
벼엉신……

어둠속에서 들린다.
아! 형의 목소리다.

돌아눕는 형 등에 찰싹 붙는다.
꿀밤이나 주고, 미운 형이지만
이럴 땐 형이 이쁘다.
등이 참 따뜻하다.

어서어서 아침이 왔으면……

나쁜 꿈 31

예쁜 엄마

엄마는
우리엄마는
참 예뻐요.

눈이 예쁘고
입이 예쁘고
웃음까지
다 예쁜 우리엄마

단 하나
엄마 안 예쁜 게 있죠.
그건 발가락이랍니다.

하지만
난 조금도 싫지 않아요.
안 예쁜 발가락도
사랑하는 엄마 거니까.

맑은 아침에

밤비가 오더니
아침 하늘이 반짝반짝 빛난다.

학교 가는 길이
깨끗하다.
빗물이 다 씻어 갔다.

더러운 것들은 어디로 갔을까?
하수도로
개울로
강으로
바다로 흘러가겠지.

……고기들이 불쌍하구나.

맑은 아침에 35

가물치

텔레비전에서
큰 가물치를 봤다.

물풀 사이를 헤엄치는
길쭉하고
거무튀튀하고
얼룩덜룩한 가물치
우리 토종 민물고기란다.
참 힘도 세게 생겼다.

가물치야, 가물치야
먼 나라에서 들어와
어린 고기 약한 고기 괴롭히는
블루길, 배스, 황소개구리
모두 물리쳐다오.
우리 강 우리 고기들 평화롭도록

비오는 날

바람도 없는 하늘에서
비가 내린다.
장대비도 아니고
부슬비도 아닌
깜찍이 여자애 같은 비

떨어진 빗방울이
마당에 부딪치는 작은 소리를
어떻게 말해야 딱 맞을까?

마루에 앉아 가만히 바라본다.
빗방울 떨어진 자리마다
작은 동그라미가 생긴다.
동그라미는 커지려다 금방 사라진다.
다시 떨어지는 빗방울로
동그라미는 생겼다간 또 사라지고

눈 부라려 마음속으로 명령한다.
—왼쪽으로 움직여!
동그라미 모두 왼쪽으로 흐른다.
—오른쪽으로 움직여!
이번엔 오른쪽으로 흐른다.

그러다가 눈 꼭 감았다 뜨면
바닥 물에 부딪친 비가
작은 소리로 우는
그냥 제자리 동그라미일 뿐

돌담장 저 너머
뿌연 앞산이
나를 보며 웃고 있다.

엄마는 언제 오실까?
허전하고 배고파서
눈물 핑 도는
여름날 비오는 오후

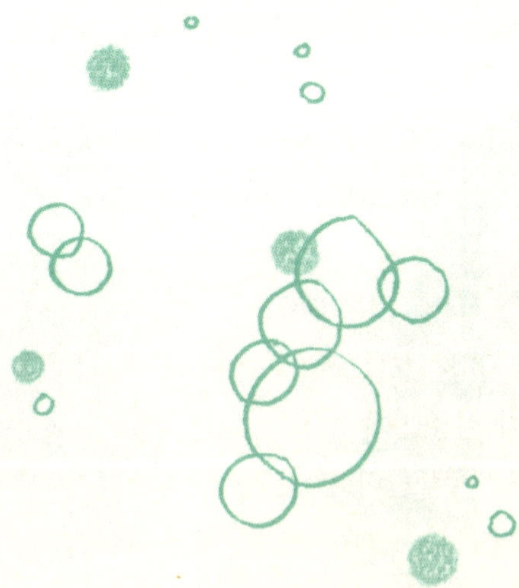

산 위에서

아빠랑 손잡고
저녁에
뒷산 근린공원에 올랐다.

와, 이게 서울이구나!
붙박이 불
움직이는 불
하얀 불
빨간 불
파란 불……
불빛의 바다는 끝도 없다.
서울이 너무 무지 큰가보다.

저 많은 불 밝히려면
발전소가 밤낮없이 바빠야겠지.

화장실을 나올 때마다
불 꼭꼭 끄라는
엄마 잔소리가
문득 생각난다.

산 위에서 41

한글사랑

우리 한글은 참 예뻐요.
교과서 글자가 너무 예뻐요.
난 그래서 공책에다
교과서 글자처럼 쓴답니다.

한글 만드시느라 눈병이 난
세종대왕님
정말 고맙습니다.

아침에 학교가면
세종대왕 동상에 인사하지요.
ㄱ, ㄴ, ㄷ, ㄹ, 안녕하셔요?

공부 마치고
집에 돌아올 때도
또다시 동상에 인사한답니다.
ㅏ, ㅑ, ㅓ, ㅕ, 안녕히 계셔요.

엄마 젖

텔레비전에 동물원 그림이 나온다.
다 큰 새끼사자가
엄마젖을 빨고 있다.

사납고 무서운 엄마사자 젖은
어떤 맛일까?
사나운 맛?
무서운 맛?
그래서 새끼사자가 어른 되면
똑같이 사납고 무서워지나 봐.

—너도 젖꾸러기야,
네 살까지 젖 달라고 보챘어.
엄마 아빠가 웃으신다.
난 기억도 없는데

—엄마젖은 어떤 맛이야?
—어떤지 먹어보련?
엄마가 가슴을 쑥 내민다.
—에이!
나는 방으로 달아난다.
엄마 아빠 깔깔깔 웃음소리

정말, 엄마젖은 어떤 맛일까?
그래!
착한 맛
씩씩한 맛
그리고 공부 잘하는 맛일 거야.

머리카락

내 머리카락은
몇 개일까?

아빠 머리카락은
몇 개일까?

앞머리가 듬성듬성한
우리 아빠
나 어려서 함께 찍은 사진과
너무 다르다.

나도 커서 어른 되면
저런 모습 될까 몰라.

가엾은 우리 아빠……

강의 아침

강물 위에
은빛 고기떼가 뜬 거 같아.

송사리들이
작은 친구들 데리고
이사를 가나 보다.
바다로

죽은 동물을 보고

학교 가다가
길바닥에 주어 있는 동물을 봤다.

어젯밤 길 건너다가
차에 치었나보다.

강아지일까?
고양이일까?
잘 모르겠다.

얼마나 아팠을까?
저 위로
차바퀴가 몇 번 지나갔을까?
공부시간 괜히 그 생각 하다가
선생님한테 꾸중 들었다.

학교공부 끝내고 집에 올 땐
일부러 먼 길로 돌아서 왔다.

반기며 뛰어오르는
우리 발바리
꼭 안아주었다.

개구쟁이 생각

자동차랑
기차랑
바퀴를 바꿔 달면
어떻게 될까?

강의 고기 바다로 다 보내고
바다 고기 강으로 다 올리면
어떻게 될까?

지구를 뒤집어서
북쪽과 남쪽을 바꿔버리면
어떻게 될까?

아주 재미있을 거야.

바람의 친구

살랑살랑 봄바람 친구는
누구게?
겨우내 옴츠렸다
얼굴 쏘옥 내민
새 순이지요.

시원시원 여름바람 친구는
누구게?
더 멀리 날아가서
피어나고 싶은
민들레 꽃씨지요.

선들선들 가을바람 친구는
누구게?
한여름 뙤약볕에 지쳐
땅에 눕고 싶은
나뭇잎이지요.

씽씽 겨울바람 친구는
누구게?
따뜻한 남쪽나라 찾아가는
철새랍니다.

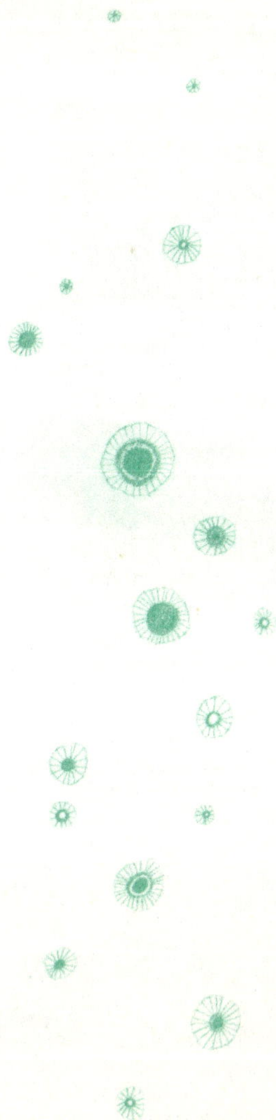

팔자걸음

신발바닥 뒤축
바깥쪽이 많이 닳았다.

—계집애가 웬 팔자걸음이니?
항상 똑바로 걸어야지,
그러다 진짜 밭장다리 되겠구나.
엄마의 괜한 잔소리

팔자걸음이란 뭘까?
밭장다리는 또 뭐고

어떻게 걸어야 똑바른지 몰라
높은 구두 신고도 또박또박
예쁘게 잘도 걷는 언니들
걸음 흉내 내다가
발목을 접질렀다.
몹시 아프다.

—에이! 난 싫어.
내 멋대로 걸을 거야.
발부리로 돌멩이를 걷어찬다.

—약오르지?
돌멩이가 또르르 웃으며
길 아래로 달아난다.

눈인사

고양이 마주보고
눈 낌빅 하면

고양이도 눈 깜박
그게 인사래요.

내 짝꿍 송이한테
눈 깜박 했더니

송이가 그러대요.
—너 어디 아프니?

어른들은 왜

어른들은
검은 걸 좋아하나 봐.

까만 양복
까만 구두
까만 가방
자동차도 까만색이다.

빨, 주, 노, 초, 파, 남, 보
고운 색도 많은데
왜 하필 어두운 색을 좋아할까?

어른들은
마음속에
숨기고 싶은 게 많은가 봐.

빨간 우체통

멀리서
누군가
기다리는 편지
빨리빨리 보내고 싶어
애태우느라
애태우느라
온 몸이
빨개졌다.

색을 섞으면

빨강과 노랑을 섞으면
주황이 되고

노랑과 파랑을 섞으면
초록이 되고

파랑과 빨강을 섞으면
보라가 되지.

내 마음과 송이 마음을 섞으면
무슨 색깔이 될까?

매미

매미는 이상하다.
참 별난 곤충이다.
일 년 내내 어딘가 꼭꼭 숨어 있다가
어느 여름날
장맛비 밤새도록 쏟아지고
맑은 아침햇살 살짝 비치기 전에
모두 밖에 나와서
시끄럽게 시끄럽게
함께 울어댄다.
참 이상한 곤충이다.

화장실 안내 표지

남자는
어깨를 치키며
파랗게 힘을 쓰는 모습이다.
마치 싸우러 가는 것처럼

여자는
치맛자락 펄럭이며
춤추는 듯 보이고 싶나 봐.
부끄러워 빨개져서

우리 아빠

학교에서 돌아오다가
아빠를 보았습니다.

앞만 똑바로 바라보며
터벅터벅 걸어가는
아빠 뒷모습이 괜히
왜 그리 가엾어 보이는지

난 가슴 뭉클하고 눈물이 나서
차마 아빠를 부를 수 없었습니다.

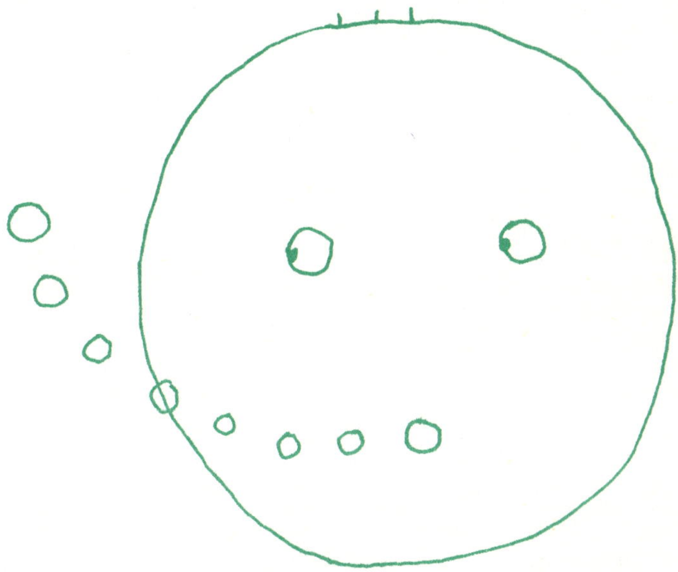

쌍둥이 빌딩

높이도 똑같고
모양도 똑같은 빌딩이
키 재기를 하면서
쑥쑥 올라가고 있다.

공사가 끝나고
쌍둥이 빌딩이 다 되었을 때
저 속에 쌍둥이들만 들어가 살면
어떻게 될까?

참 재미있을 거야.

참새

참새 한 마리
수돗가에 날아와서
바닥에 누워 파닥거린다.

물을 핥아먹고 있다.

참새가 가버린 뒤
그릇에 물을 담아
마당에 내놨다.

기다려도 기다려도
참새는 다시 오지 않는다.

무더운 여름날 한낮

어릴 적 생각

—하부,
나 빨리 **백 살** 되고 싶어.
근데,
하부, 함머 지금 몇 살이야?

내가 네 살 때
할아버지 차를 타고 가다가
할아버지랑 할머니한테 물었대요.

정말 그런 말 했는지
왜 그렇게 말했는지는
모르겠어요.

그렇지만
이건 분명히 알 수 있어요.
할아버지 할머니가
항상 날 사랑하신다는 것

나도 할아버지 할머니를
무지무지 사랑한답니다.

소방차

소방차 색깔 빨강은
잘못 된 거야.
빨강은 불 색이잖아.
불 끄는 소방차가 빨강이면
불이 빨갛게 잘 타란 거야 뭐야.

소방차 색깔은 파랑이어야지.
파랑은 물 색깔이니까
물을 뿌려야만 불이 꺼지니까

내 마음

비가 오면
어두컴컴한 하늘에서 비가 내리면
어쩐지 짜증이 나고
슬퍼진다.

바람이 불면
나뭇가지가 울고 창문이
흔들리도록 바람이 불면
괜히 심통 나고 화가 치민다.
볼펜이라도 부러뜨리고 싶다.

진달래
앵두꽃
수선화
민들레……
꽃들이 웃고 별이 환한 우리 집 마당
나비들이 찾아와 날아다니면
내 마음도
꽃이 되고 나비가 된다.

바둑

할아버지와
바둑을 두었다.
내가 이겼다.

지난번에도 내가 이겼다.
할아버지와 바둑 두면
항상 내가 이긴다.

한 번도 말 안 했지만
바둑이 참 재미있긴 하지만
일부러 져줘 이기는 건 싫다.

언젠간 꼭 진짜 실력으로
할아버지를 이길 거야.

그런데
할아버지 맘이 슬퍼지면
어떡하지?

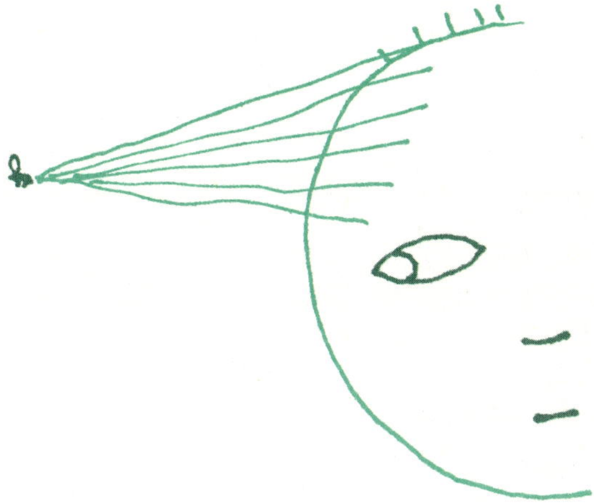

내 동생

동생이 말했다.
—나 죽었다가
다시 태어나면
형 할 거야.

이 말 듣고
곰곰이 생각했다.
내가 동생한테
미운 짓 한 게 뭘까?

그래,
좋은 건 내가 먼저 갖고
잘 놀아주지 않고
괜히 윽박지르기도 한 거 같아.

앞으론 더욱 많이
동생을 사랑해줘야지.

아빠의 연장통

뭐든지 만들기 좋아하시던
우리아빠

아빠 연장통 속에는
온갖 잡동사니가 들어 있어요.

못을 때리고 뽑느라
머리가 흠집 나고 이가 상한
장도리

얼마나 많이 나무를 썰고 켰기에
이빨 두세 개가 빠진
톱

녹이 슬어
잘 벌어지지도
잘 오물어지지도 않는
펜치

그뿐이 아니어요.
드라이버
송곳

끌
줄자
철솔
전기인두
크고 작은 못들……
모두 아빠 손때가 묻은 것들이지요.

아빠는 우리 곁을 떠나셨고
연장통은 사진과 함께 남았답니다.
엄만 통째 버리고 싶어 하시지만
난 절대 그럴 수 없어요.

이따금 연장통을 열어보고
간단한 거 쓱쓱 뚝딱 만들어도 보며
아빠 손길과 냄새를 느껴봅니다.

동지팥죽

겨울은
춥기도 하지만
낮이 너무 짧아서 싫어.
해가 천천히 떠서는
빨리빨리 지니까.

해도 겨울이 싫은가봐.

동짓날이다.
내일부턴 낮이 길어진다.

엄마가 쑤어준 동지팥죽
그래서 더 맛있네.

첫눈

오줌이 마려워
잠이 깼다.

창밖을 내다보니
사방이 온통 하얗다.

아, 첫눈이구나!
함박눈이 밤새 몰래 내려
소복이 쌓여 있다.

조용히 문 열고 나가
도둑고양이보다
신문배달 아저씨보다 먼저
발자국 하나 꼬옥 찍었다.

—안녕!
눈이 뽀드득 웃으며 인사한다.

맨드라미

맨드라미는
빨간 줄기 하나가 곧게 자라나
여름이 되면
오로지 빨간 꽃 한 송이만 피우지요.

가느다란 외줄기는
커다랗고 무거운 꽃송이를 머리에 이고
소나기가 내려도
된바람이 불어도
꺾이지 않고 버티지요.

다른 꽃들 다 피었다가 져도
맨드라미꽃은 지지 않아요.

가을이 지나고
겨울이 되어도
말라죽은 줄기 위에
말라죽은 꽃송이 그냥 얹혀 있어요.

눈물과 웃음

슬프면 왜 눈물이 날까?
연기가 매워도 눈물이 난다.

기쁘면 왜 웃음이 날까?
겨드랑이 간질여도 웃음이 난다.

눈물도 웃음도
변덕쟁이다.

장마

비가 온다.
온종일 내린다.

산새들
짐승들
모두 어디서 뭘 하고 있을까?
개미굴
물에 잠기지 않았을까?

어두운 하늘을 쳐다본다.

모기

모기한테 팔을 물렸다.
가려워 죽겠다.

왱……
왕모기가 날아간다.
잽싸게 손뼉을 친다.
잡았다!

손바닥에 묻은
아까운 내 피
아니, 으깨진 모기를 들여다본다.

그런데
고소하지 않고
시원하지도 않고
왜 이렇게 기분이 이상하지?

유치원 벼룩시장

유치원에 벼룩시장 여는 날
마징가 로봇이랑
털모자를 가져갔다.

다른 아이들도 가져왔다.
책
장난감
공
동물인형……
갖가지 헌 것들이다.

아이들은 가짜 종이돈으로
저마다 갖고 싶은 걸 샀다.

난 빨간 어른구두를 얼른 집었다.
엄마에게 선물하려고

—구두 참 예쁘구나.
너무너무 고마워.
엄마가 기뻐서 날 꼭 껴안아주었다.

날마다 하루 두 번
아파트에 유치원 통학차가 올 땐
엄마는 꼭 빨간 구두를 신고
얼굴엔 웃음이 환하다.
엄만 빨간 구두가 정말 좋은가봐.

그런데
외출할 땐 왜 안 신을까?

아저씨야 할아버지야

우리 앞집 주인은
참 이상하다.
한 사람인데도 때로는
다른 사람처럼 보이곤 한다.

말끔히 이발하고
신사복 차림일 때
멋쟁이 아저씨 같아서
절 꾸뻑, 인사했다.
—아저씨, 안녕하셔요?

언젠가는
머리 덥수룩하고
수염 꺼칠하고
헌 운동복 차림이
꼭 할아버지 같아서
나도 모르게 허튼소리가 나왔다.
—할아버지, 안녕하셔요?

그러곤 괜히 얼굴이 달아올라
도망을 쳤다.

이 날 이후로는
밖에 나갈 때마다
대문 살짝 열고
내다보는 게 버릇이 되었다.

정말 이제는
아저씨든
할아버지든
꼭 하나로 정해야 할 거 같은데
어느 쪽이 마땅할까?
그 분은 어떤 걸 원하실까?
걱정이 된다.

까치밥

우리 집 감나무
높은 가지에
잎은 다 떨어지고
앙상한 가지에
빨간 감 하나 매달려 있다.

이름도 모를
산새 한 마리 날아와
콕콕콕
부리로 암만 쪼아도
감은 말짱하다.
강추위에 얼었기 때문이다.

산새는
배고픈 산새는
푸드덕 날아가면서
이렇게 외치나보다.
—따뜻한 날
다시 와서 꼭 먹을 거야.

아침 공원에서

털모자 쓰고
운동복 입은
뚱뚱한 아저씨가
강아지와
달리기를 한다.

땀 뻘뻘 흘리며
공원을 한 바퀴 겨우 돌더니
의자에 털썩 앉는다.
털모자를 벗어던진다.

숨을 헉헉 몰아쉰다.
뽀얀 입김을 토하며

숱도 없는
맨송맨송한 머리에서
김이 무럭무럭 오른다.
솥에서 금방 쪄낸
커다란 찐빵 같다.

—에이, 겨우 그거예요?
어서 다시 뛰자고요.
멍멍이가 꼬리치며 보챈다.
어쩌면 놀리는 것도 같다.

해가
산마루 위로
얼굴 쏘옥 내민다.

초겨울
이른 아침

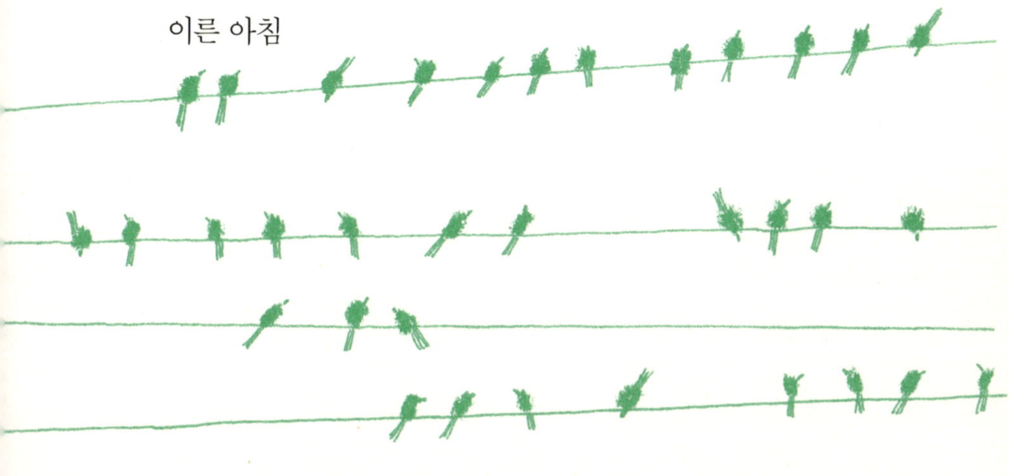

누가 이기나

방귀쟁이 스컹크와
사자가
서로 째려보면
누가 도망칠까?

그야 사자겠지, 뭐.

긴 가시투성이 고슴도치와
왕뱀이
딱 마주치면
누가 물러날까?

그야 왕뱀이지, 뭐.

스컹크와
고슴도치가
힘겨루기 하면
어떻게 될까?

옛날에 옛날에

떡장수와 호랑이

—어흥!
나 호랑이.
떡 하나 주면
안 잡아먹지.

겁이 난 떡장수는
떡을 하나씩 하나씩 주다가
나중엔 줄 게 없어
자기 몸을 먹히고 말았다지?

떡장수는 바보야.
한꺼번에 다 줬으면
욕심쟁이 먹보 호랑이
한꺼번에 다 먹다가
목이 메어 죽고 말았을걸.
떡장수는 참 바보야.

나무꾼과 거울

나무꾼이 나무 팔러 시장에 가서
가게 앞을 지나다가 깜짝 놀랐습니다.
오래 전 세상 떠난 아버지 얼굴이
거울 속에 들어 있기 때문이지요.

나무꾼은 기뻐서 거울을 샀습니다.
집에 돌아와 몰래 감춰 두고
하루에도 몇 번씩 꺼내어 인사합니다.
—아버지, 안녕히 주무셨어요?
—나무하러 산에 갑니다.
—나무 팔러 장에 다녀올게요.
—아버지, 안녕히 주무셔요.

나무꾼이 나무하러 간 사이
거울을 훔쳐 본 아내도 깜짝 놀랐습니다.
오래 전 세상 떠난 어머니 얼굴을
거울 속에서 보았기 때문이지요.
나무꾼 아내는 울며 외쳤습니다.
—어머니, 왜 그 속에 들어 있어요?

세상에 태어나서 거울을 처음 본
나무꾼과 아내의 이야기랍니다.

그런데
어리석고 바보 같은 이 이야기가
우습다가 어쩐지 슬퍼지는 건 무슨 까닭일까요?

호랑이와 곶감

—밖에 호랑이 왔다.
그래도 앙앙 울던 아이가
—자, 곶감이다.
이 말 듣고
울음 뚝 그치니까
호랑이는
곶감이 자기보다 센 줄 알고
겁이 나서
허둥지둥 도망쳤다지?

사실은 그래서 도망친 게 아니야.
호랑이는 바보가 아니야.
호랑이가 허둥지둥 돌아간 건
굴 속에 몰래 숨겨둔 곶감이
문득 생각났기 때문이지.
새끼들이 찾아내 먹어치울까봐.

이상한 샘물

나무꾼 할아버지가
나무하러 갔다가
깊은 산 속
옹달샘을 보았답니다.

목이 마른 할아버지가
샘물을 마셨더니
아, 젊은이가 되었어요!

이 얘기 듣고
이웃 할아버지도 욕심이 나서
산에 올라가
옹달샘을 찾아
한참 마셨더니
웬걸!
그만 아이가 되고 말았대요.
물을 너무 많이 마신 탓이지요.

그 물을 자꾸자꾸 더 마셨으면
어떻게 되었을까?

하하하
호호호

신기한 맷돌

—돌아라, 맷돌아.
쏟아져라, 소금아.

이렇게 명령만 하면
저절로 자꾸자꾸 돌아가며
소금을 쏟아내는 맷돌이
대궐에 있었대.

간 큰 도둑이
소문을 듣고
대궐 창고 속 깊이깊이 둔
맷돌을 몰래 훔쳐
배에 싣고
바다로 저어나갔대.

—외딴 섬에 혼자 가서
소금을 많이많이 만들어다 팔면
큰 부자가 될 거야.
하지만 정말 요술맷돌 틀림없을까?
만약 거짓말이면
괜한 헛고생이잖아.
어디 한 번 해보자.

—돌아라, 맷돌아.
쏟아져라, 소금아.

도둑이 명령하자
맷돌이 저절로 돌아가며
소금을 자꾸자꾸 쏟아내는 바람에
맷돌도 배도 그만
가라앉고 말았대.
멈추게 하는 말을 몰랐거든.

맷돌은
지금도 돌아가며
소금을 자꾸자꾸 쏟아낸대
바닷물이 짠 건
그 때문이래.

만약에
소금 나오는 맷돌이 아니고
설탕 나오는 맷돌이라면
지금쯤 세상은
어떻게 되었을까?

개와 고양이

개와 고양이가
주인이 잃어버린 구슬을 찾아
강을 건너오다가,
개는 헤엄치고
고양이는 구슬 물고 개 등에 앉아
강을 건너오다가
—구슬 잘 갖고 있니?
개가 자꾸자꾸 물으니까
고양이는 그만 화가 나
—그래, 갖고 있어.
소리치다가 구슬을 빠뜨렸대.

둘은 강가에 우두커니 앉아 있다가
슬프고 배고파 앉아 있다가
어부가 그물로 잡아온 잉어를
고양이가 훔쳐 물고
둘이 달아났는데
잉어 뱃속에서
구슬이 나왔대.

주인은 기뻐 고양이를 칭찬하고
미련통이 개를 야단쳤대.

—오늘부터 야옹이는 방에서 자고
멍멍이는 밖에서 자도록 해.
그 때부터 고양이는 방 안에
개는 바깥에 살게 되면서
둘 사이가 원수처럼 되었대.

하지만
그건 케케묵은 이야기
요즘은 방주인 노릇 톡톡히 하는
애완견도 있고
밖으로만 돌아치는
도둑고양이도 있잖아.
아기고양이 돌보는
엄마개도 있고
강아지에게 젖 먹이는
엄마고양이도 본걸.

이러니까 세상일은 모른다는 거야.

기름장수와 소금장수

엄마가 '전래동화집'을 사주셨다.
기름장수와 소금장수 이야기를
재미있게 읽었다.

기름장수와 소금장수가
기름단지와 소금가마니를 지고
산을 넘다가
엄청 커다란 호랑이를 만나
통째 잡아먹혔는데,
호랑이 뱃속이 너무 캄캄해
부싯돌을 딱 쳤더니
쏟아진 소금범벅 기름에
불이 번진 바람에
—아이고, 뜨겁고 쓰라려!
호랑이가 데굴데굴 구르다 못해
냇물을 한가득 마셔 토하는 바람에
둘이 겨우 살아났다는 이야기
피노키오 동화와 참 비슷하다.

그런데
난 어째서
먼 나라 동화는 훤히 알고

우리 기름장수 소금장수 이야긴 몰랐을까?
뭔가 잘못된 거 같다.

나무꾼과 선녀

사냥꾼을 속이고
노루를 살려준 나무꾼이
노루의 꾀를 빌려
산 속 연못에 내려와 목욕하는
선녀의 날개옷을 숨기고
색시로 삼았대요.

—색시가 아이 셋 낳을 때까진
날개옷 절대 보여주지 마셔요.
노루가 그토록 일렀건만
어리석은 나무꾼은 입이 근지러워
둘째아이가 태어났을 때
그만 비밀을 털어놓은 때문에
색시도 아이도 다 잃어버리고는
안타깝고 슬퍼 엉엉 울었답니다.

만약에
아이가 셋이면 어찌 되었을까요?
둘은 엄마 팔에 안겨
하늘나라로 가고
남은 하나는
아빠랑 산 속에 살았겠지요.

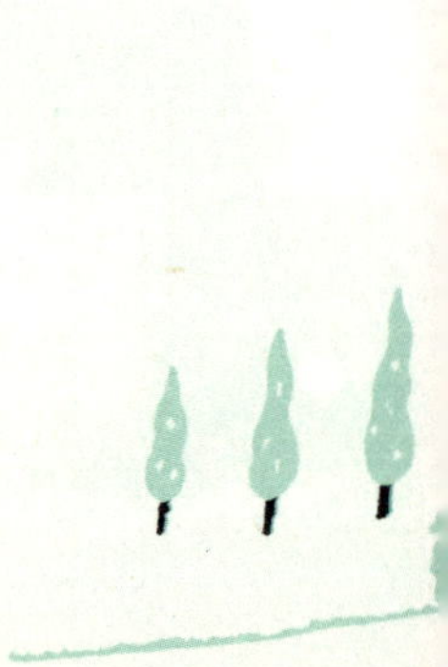

그게 더욱 슬픈 일 아닐까요?

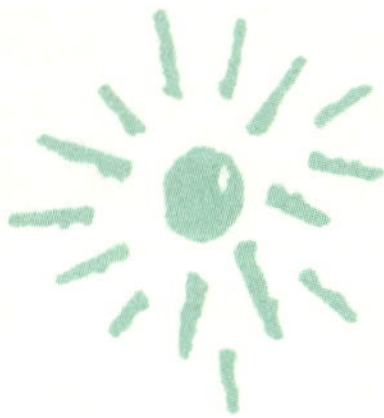

북한에 두고 온
누이동생 이야기를 하시며
눈물 글썽, 목이 메던
우리 할아버지
작년에 세상 떠나신
할아버지가 오늘도 생각납니다.

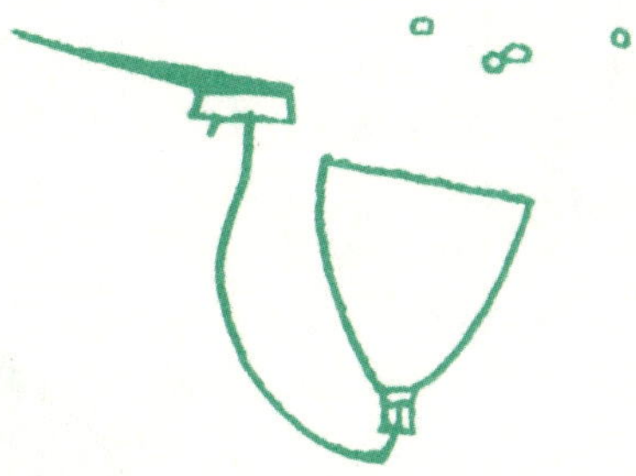

산문으로 쓴 동시

네 마음에 반짝이는 별

이머니, 서울 하늘엔 왜 별이 없어요?
은하수 북두칠성 견우직녀별도 있고, 사자 백조 오리온 쌍둥이 별자리도 있잖아요.

달이 뜬 밤엔 파란 달빛과 친구하고, 어두운 그믐밤엔 저들끼리 오순도순 반짝이는, 모깃소리 간지럽고 반딧불 파란 외갓집 마루에서 본 별들이 서울 하늘엔 왜 없나요?

아가야, 별은 서울 하늘에도 있단다. 불이 너무 밝아서, 온 도시가 환하고 떠들썩한 밤 아닌 밤 같아서, 별빛이 보슬비처럼 눈처럼 내려오지 못하기 때문이지.

별을 보려거든 마음을 크게 열어라. 마음의 거울 맑게 닦고 밤하늘 우러러 비추렴. 고운 노래로 별을 부르렴. 그러면 별들이 네 노래를 타고 내려올 테니. 어여쁜 거울 가득히 반짝 빛날 테니.
그 별 모두가 너의 별이란다, 버리지만 않으면 떠나지 않는.

아가야, 네 마음에 반짝이는 별을 보렴.

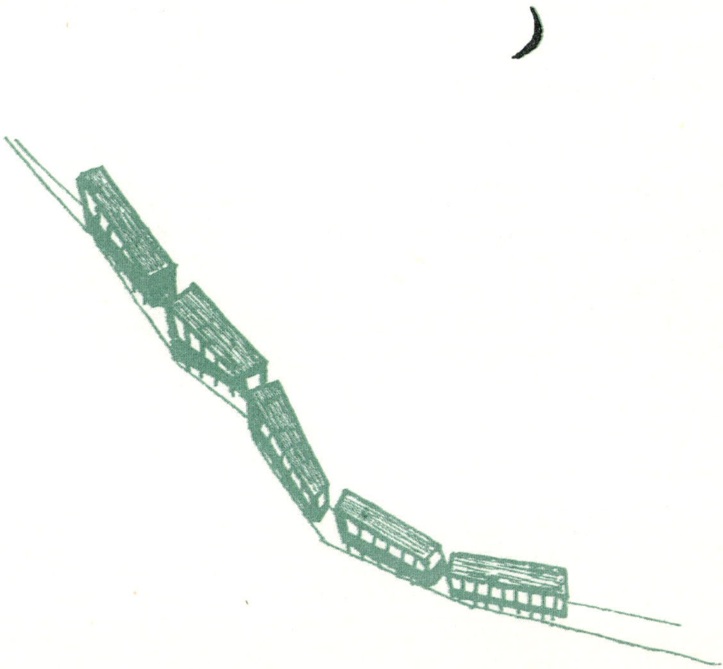

개구쟁이와 안경

우리 반 교실에는 눈이 81이랍니다.

그게 무슨 소리냐고요? 아이들 30 중에 9가 안경쟁이거든요. 나까지 안경 아닌 21의 눈이 42, 안경쟁이 9의 눈이 36, 합하면 78이잖아요.

아이코, 헷갈려!

그럼 나머지 3은 뭐냐고요?

우리 새침이 누나선생님을 빼놓을 수 있나요. 선생님은 왼눈만 콘택트렌즈 끼신답니다. 이건 살짝 나만 엿본 비밀이죠.

에헤헤!

알 수 없어요

맑고 따뜻한 햇볕 아래 푸른 나뭇잎이 바들바들 괜히 왜 떨까요?

밤비 쏟아진 뒤 여름날 아침 매미가 모두 나무에 올라가서 왜 울까요?

고양이처럼 소리 없이 오던 착한 바람이 어느 날 갑자기 호랑이같이 으르렁대는 태풍은 왜 될까요?

올챙이만한 새끼물고기가 머나먼 바다로 나갔다가 훨씬 훗날 어른물고기 되어 태어난 고향에 왜 찾아올까요?

난 정말 모르겠어요.

크리스마스 선물

내 동생 철이는 산타할아버지가 꼭 찾아오는 줄 압니다.

크리스마스가 되면 아빠 엄마 선물과 함께 산타할아버지 선물도 받으니까요.

동생만큼 어렸을 땐 나도 그랬답니다. 잠결의 찬송가와 루돌프 방울소리 듣고 꿈꾼 날 아침이면 아빠 엄마 선물과 함께 놓여 있는 산타할아버지 편지와 선물 보고 신났으니까요.

그렇지만 어느 때부터인가 내가 받는 산타할아버지 선물은 편지도 없이 달랑 책 한 권으로 바뀌었지요.

난 아빠 엄마한테 까닭을 묻지 않았습니다.

아빠 엄마의 설명도 없었습니다.

동생의 산타할아버지 선물도 어느 땐가는 책 한 권으로 바뀌겠지요.

동생도 아빠 엄마한테 묻지 않았으면 좋겠어요.

왜 그러냐고요?

이유는 없답니다. 어쩐지 물으면 안 될 거 같아서요.

우리 집 이 불편한 선물, 언제까지 이어질지 걱정됩니다.

부끄러운 보물

내가 아끼는 물건이 아주 많지만, 그 중에 두 가지 보물은 끼꼬동생과 나뭇잎이지요.

끼꼬동생은 내가 아기였을 때 할머니가 사주신 첫 번째 선물 토끼인형입니다.
아기처럼 힘없이 흐느적거리는 게 참 재미있고 귀여워요.

크고 노란 나뭇잎은 아빠 엄마랑 놀러간 공원에서 가져오다 바람에 날려 잃어버렸는데, 난 나뭇잎이 아깝고 가여워 징징 울었는데, 그게 바람 타고 사뿐 날아와 다음날 내 꼬마책상 위에 앉았어요!
그 때 얼마나 기뻤는지 모른답니다.

이제 난 어엿한 초등학생입니다.
과학전집 읽고, 컴퓨터 게임도 하고, 태권도 도장에도 다니지만, 아직도 끼꼬동생과 나뭇잎을 자주 몰래 꺼내 본답니다.
이건 내 부끄러운 비밀이지요.

조약돌

아스팔트 위에 떨어져 있는 까만 조약돌 하나. 바닷물에 씻기며 구르고 닳아 계란처럼 된 예쁜 돌.

나이가 몇 살이나 될까. 백 년? 오백 년? 천 년?

얼마나 시달리느라 까맣게 타버렸을까. 깨뜨리면 속에서 검은 짠물이 나올 거야.

누가 가져와서 버렸나. 바닷가에 그냥 두면 좋았을걸. 조약돌도 친구가 필요할 텐데. 같이 씻기고 같이 구르며 같이 닳은 친구조약돌. 바닷가에서는 예쁜 돌도 못난 돌도 없고, 모두가 그냥 조약돌인걸.

주워서 호주머니에 담는다. 누구 발부리에 차이기 전에.

책상 위에 놓을까? 서랍 안에 넣을까? 아니, 마당 풀밭 속에 몰래 숨겨놔야지. 오래 잠자며 푹 쉴 수 있도록. 가엾은 조약돌.

아빠 내년 여름휴가 땐 바닷가에 가자고 조를 거야.

나무분꽃

우리 집 꽃밭엔 이상한 분꽃이 한 포기 있어요.
분꽃이면 분꽃이지, 이상한 분꽃은 또 뭐냐고요?

가을이 지나면 한해살이 풀꽃 모두 메말라 죽고, 떨어진 열매들은 봄에 제각각 싹 틔우며 살아나 꽃을 피우잖아요.
하지만 이건 해마다 꼭 같은 자리, 열매 아닌 땅속뿌리에서 새싹이 돋아난답니다. 놀랍지 않아요?

다른 풀꽃들 그냥 풀포기일 때 혼자 쑥쑥 웃자라는 이상한 분꽃.
이때부터 우리 아빠 유별난 꽃시중이 시작되지요.
—분꽃은 줄기가 약한 게 흠이야.
아빤 기다란 쇠막대를 땅에 박고 줄기 하나하나 실로 묶어 매달아줍니다.
분꽃이 점점 자라면 실도 점점 길고 높아집니다. 분꽃 키가 내 키보다 쑤욱 올라갑니다. 그야말로 한 그루 나무 같아요. 비 오고 바람 불어도 쇠막대 덕분에 끄떡없답니다.

아빠의 사랑만큼 분꽃도 아빠를 사랑하나 봐요.
—이토록 알뜰히 가꿔주셔서 고맙습니다.
여름이 되면 작고 빨간 깔때기 꽃송이 무지 많이 피워 아빠를 기쁘게 하지요. 지고 피고 지고 피고 가을까지 이어진답니다.
아빤 다른 어떤 꽃들보다 예쁘다 하시지만, 전 글쎄요.

—이건 예사 분꽃이 아니야. 나무분꽃이라고.

아빠 주장에 엄마가 입을 삐죽, 한마디 하십니다.

—다른 건 몰라도 한 가진 분명하네요.

—뭐가?

—주인 닮아 고집스럽고 별나다는 거.

이 말에 모두 웃음보 터뜨리자, 분꽃들도 즐거워 바람결에 고개 끄덕 까르르 웃었습니다.

할아버지 생각은 이상해

우리 할아버진 이상한 얘길 하십니다. 요즘 애들 참 불행하다고, 잘 먹고 좋은 옷 입고 극성스런 부모사랑 속에 편히 자라지만, 옛날 애들보다 더 불쌍하다나요.

난 그게 무슨 뜻인지 모르겠어요. 옛날 사진 보면 그 때 애들은 하나같이 헐벗고 꾀죄죄하고 촌스럽잖아요? 지구 반대편 가난하고 못 사는 어느 나라 애들처럼요.

할아버지도 시골길 20리를 걸어서 학교 다녔다고 합니다.

—20리가 얼마나 멀어요?

—20리면 8킬로미터, 100미터가 80번이지.

—아휴, 엄청 멀다! 근데 왜 차를 안 타셨어요?

—우리 클 땐 차가 귀했단다. 돈이 있어야 차도 타지.

—학교 다니기가 무척 힘들었겠네요.

—천만에! 그래도 전혀 힘들거나 지겹지 않았어. 맑은 바람 환한 햇살 아래 친구들이랑 장난치고 깔깔대며 뜀박질하는 게 즐거웠는걸. 봄 여름 가을 겨울, 계절옷 바꿔 입는 산과 들은 놀이터였단다. 가며오며 만나는 새들 동물들 모두 친구였어. 목마르면 마시는 개울물은 사이다보다 시원하고, 딸기 머루 다래 고욤 맛난 열매는 자연이 주는 군것질 감이었지. 가난하고 모든 게 부족했을망정 그 때 애들은 밝고 씩씩하고 행복했단다. 걔들에 비하면 요즘 너희들은 너무 가여워.

글쎄, 난 잘 모르겠어요. 암만 들어도 알쏭달쏭, 고개가 갸웃해집니다.

어쩌면 조금은 사실일 것 같다는 생각이 어렴풋이 들긴 해요. 할아버지 가장 얼굴빛 환하고 신바람 보일 때가 그런 얘기 하실 때니까요.

내 친구 고양이가족

우리 집 지하실에 고양이가족이 살고 있었어요. 아빠고양이 엄마고양이, 그리고 아기고양이 세 마리가요.

우리가 키운 건 아니고요, 걔네들 멋대로 거길 차지하고 살았답니다.

처음엔 수코양이 암코양이 둘뿐이었는데, 어느 날 지하실에 갔다 오신 할머니가 투덜대시더군요.

—고것들이 어느 틈에 새끼를 봤구나, 글쎄. 진작 내쫓아버렸어야 하는걸.

난 이 말 듣자마자 지하실에 뛰어 내려갔습니다.

아! 난 아기고양이가 그토록 예쁘고 귀여운 줄 몰랐어요. 아빤 검은 털 흰 털 반반이고 엄만 노란 털 흰 털 반반인데, 아기들은 엄마 아빠 고루 반반으로 닮아 얼룩덜룩하지 뭐예요. 그게 얼마나 장난스럽고 재미있는지요.

이날부터 고양이들은 내 친구가 되었답니다. 아니, 내가 멋대로 그들 친구가 되어준 거죠.

할머닌 입버릇처럼 밉다하면서도 아침마다 꼭꼭 고양이밥을 챙겨다 주셨습니다. 가게에서 파는 고양이밥이 아니라 식구들이 먹다 남긴 고기음식 찌꺼기를요.

나도 틈틈이 어른들 몰래 참치통조림이나 남긴 닭튀김 따위를 갖

다 주곤 했지요.

어느 날, 할머니가 밥 주러 가서 야단을 쳤다고 합니다.

—쥐도 못 잡는 도둑괭이, 밥충이 같으니라고!

그런데 글쎄, 그날 이후 고양이가족이 어디론가 떠나고 말았어요. 할머니 꾸중 듣고 아기 다칠까봐 얼른 이사를 갔나 봐요.

난 징징 울며 할머니를 원망했답니다.

요즘도 난 이따금 몰래 지하실에 내려가 봅니다. 어디선가 고양이 소리가 들리면 슬그머니 나가보기도 하고요. 길 가다가도 고양이가 있으면 걸음 멈추고 눈 맞추기를 해요.

내 친구 고양이가족, 어디선가 잘 지냈으면 좋겠어요. 아기고양이 탈 없이 잘 자랐으면 좋겠어요.

아빠의 고향

아빠 따라 마음 설레며 자동차 타고 온 먼 시골마을, 여기가 까마득 어릴 적 고향이라는군요.

아빤 고향 떠난 후 처음 찾아본다고 합니다. 왜 그렇게 오래 안 와봤는지는 모르겠지만.

난 이유를 묻지 않았어요. 어쩐지 물어봐선 안 될 것 같아서죠.

동구 밖에 차를 세운 아빠는 멀리서 하염없이 바라봅니다.

—아니, 마을이 왜 이 모양이지? 내가 뛰놀던 산과 들이 저토록 작았나? 집들과 길은 대강 그대로인 거 같은데…….

—만나볼 사람 없으세요?

—됐다. 이만 출발하자꾸나.

돌아가는 길, 아빠는 앞만 보고 운전만 하십니다. 평소 말이 적은 우리 아빠, 그래도 이따금 고향자랑 하시더니. 올 때도 줄곧 미소만 지으시더니.

무엇 때문에 마음이 상했는지 모르지만, 난 차마 물어볼 수 없습니다. 하여튼 이제부터 고향자랑은 안 하시겠지요? 그 생각 하니 아빠가 가엾고 슬퍼서 눈물이 핑 돕니다.

설레는 마음으로 동시집을 내면서

흔히들 '늙으면 도로 어린애가 된다.'고 하는데, 나는 지금 손을 잡은 어린 손자에 이끌려 그들의 나라, 그들의 세상을 조심스럽게 찾아갑니다.

오, 아름답고 즐겁고 행복한 곳! 여기는 내가 까마득한 옛날 아이일 적에 뛰놀았던 동산이군요. 어른이 되고 나이 먹으면서 기억이 점점 희미해진 바로 그 낙원이군요.

놀랍게도 나는 그동안 잃어버린 귀중한 것들을 여기에서 새삼스럽게 발견합니다. 유리처럼 환한 마음, 봄날 새순처럼 싱싱한 생각, 맑고 밝은 눈에만 보이는 아름다움…….

지금까지 긴 글 쓰는 데에만 집중해 마라톤처럼 땀 흘리고 숨이 차서 달려오는 동안 언제인지도 모르게 잃어버렸는데, 그래서 몰래 허전하고 슬프고 아쉬웠는데, 보석보다 빛나고 값진 이것들이 동산에 여기저기 널려 나를 반기는군요.

하지만 고스란히 도로 챙기려고 욕심 부리지는 않겠습니다. 이제 앞에 얼마 남지 않은 거리를 마저 달려가는 기운 차리기에 필요한 만큼이면 충분하니까요. 이렇게 생각하니까 얼마나 행복하고 가슴이 찡 울리는지 모르겠습니다.

아마도 이 책은 어린 천사들에게 주는, 나의 처음이자 마지막 선물이 될 것 같군요.

손영목(孫永穆)

1974년 한국일보 신춘문예 당선, 서울신문 신춘문예 당선, 경향신문 장편소설 당선 이어 활발하게 작품을 발표했으며, 현대문학상, 한국소설가협회 장편문학상, 한국문학상, 채만식문학상을 받았다. 장편 《풍화》《무지개는 내릴 곳을 찾는다》《거제도》 등과, 《산타클로스의 선물》《장항선에서》 작품집을 출간했다.

손영목동시집
네 마음에 반짝이는 별
손영목 지음
1판 1쇄 발행/2013년 3월 3일
발행인 고정일
발행처 동서문화사
창업 1956. 12. 12. 등록 16-3799
서울 강남구 도산대로 163(신사동)
☎ 546-0331~6 (FAX) 545-0331
www.dongsuhbook.com
잘못 만들어진 책은 바꾸어 드립니다.

*

사업자등록번호 211-87-75330
ISBN 978-89-497-0809-6 73810